The 3 Chord Songbook
of Great Ukulele Songs

Published by
Hal Leonard

Exclusive Distributors:
Hal Leonard
7777 West Bluemound Road, Milwaukee, WI 53213
Email: info@halleonard.com

Hal Leonard Europe Limited
42 Wigmore Street Maryleborne, London, WIU 2 RN
Email: info@halleonardeurope.com

Hal Leonard Australia Pty. Ltd.
4 Lentara Court Cheltenham, Victoria, 9132 Australia
Email: info@halleonard.com.au

Order No. AM1007391
ISBN: 978-1-78305-272-1
This book © Copyright 2013 Hal Leonard
Compiled and edited by Adrian Hopkins.
Music arranged by Matt Cowe.
Music processed by Paul Ewers Music Design.
Cover designed by Tim Field.

Printed in EU.

www.halleonard.com

5 Years Time

Words & Music by Charlie Fink

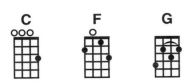

Intro	‖: C F | G F | C F | G F :‖ C ‖
	‖: C F | G F | C F | G F :‖

Verse 1

    (F)   C   F   G   F
Oh, well in five years time we could be walking 'round a zoo,

            C   F   G   F
With the sun shining down over me and you.

              C   F   G   F
And there'll be love in the bodies of the elephants too,

            C   F   G   F
And I'll put my   hands over your eyes, but you'll peep through.

Chorus 1

    (F)   C   F   G
And there'll be sun, sun, sun,

                 F
All over our bodies.

      C   F   G
And sun, sun, sun,

              F
All down our necks.

            C   F   G
And there'll be sun, sun, sun,

              F
All over our faces,

      C   F   G
And sun, sun, sun,

            F
So what the heck.

Verse 2

    (F)   **C**   **F**   **G**   **F**
'Cause I'll be laughing at all your silly little jokes,

             C   **F**   **G**   **F**
And we'll be laughing about how we used to smoke,

           C   **F**   **G**   **F**
All those stupid little cigarettes and drink stupid wine,

           C   **F**   **G**   **F**
'Cause it's what we needed to have a good time.

Chorus 2

    (F)   **C**   **F** **G**
But it was fun, fun, fun,

            F
When we were drinking.

       C   **F** **G**
It was fun, fun, fun,

           F
When we were drunk.

         C   **F** **G**
And it was fun, fun, fun,

           F
When we were laughing,

       C   **F** **G**
It was fun, fun, fun,

          F
Oh, it was fun.

Link 1

  | **C** **F** | **G** **F** | **C** **F** | **G** **F** ‖

Verse 3

    (F)   **C**   **F**   **G**   **F**
Oh, well I look at you and say: "It's the happiest that I've ever been,"

             C   **F**   **G**   **F**
And I'll say: "I no longer feel I have to be James Dean."

             C   **F**   **G**   **F**
And she'll say: "Yeah, well, I feel all pretty happy too,

            C   **F**   **G**   **F**
And I'm always pretty happy when I'm just kicking back with you."

Chorus 3

    (F)   C   F   G
And it'll be love, love, love,

                 F
All through our bodies.

     C   F   G
And love, love, love,

               F
All through our minds.

        C   F   G
And it'll be love, love, love,

         F
All over her face.

     C   F   G
And love, love, love,

         F
All over mine.

Verse 4

    (F)   C   F   G   F
Although maybe all these moments are just in my head,

       C   F   G   F
I'll be thinking 'bout them as I'm lying in bed.

        C   F   G   F
And you know that it be - lieve, it might not really come true,

         C   F   G   F
But in my mind I'm having a pretty good time with you, oh.

Bridge 1

      C   F G   F
In five years time   I might not know you,

      C   F G   F
In five years time   we might not speak.

        C   F G   F
Oh, in five years time   we might not get along,

      C   F G   F   (C)
In five years time   you might just prove me wrong.

Link 2 | C F | G F | C F | G F ‖

Chorus 4
<pre>
             (F)   C   N.C.
             Oh, there'll be love,   love, love,

             Wherever you go.

             There'll be love, love, love,

             Wherever you go.
                       C   F
             There'll be love, love, love,
             G   F
             Wherever you go.
                       C   F
             There'll be love, love, love,
             N.C.
             Wherever you go.
                       C   F   G
             There'll be love, love, love,
                       F
             Wherever you go.
                       C   F   G
             There'll be love, love, love,
                       F
             Wherever you go.
                       C   F   G
             There'll be love, love, love.
                       F
             Wherever you go.
                       C   F   G
             There'll be love, love, love.
                       F   C
             Wherever you go there'll be love.
</pre>

7

All Along The Watchtower

Words & Music by Bob Dylan

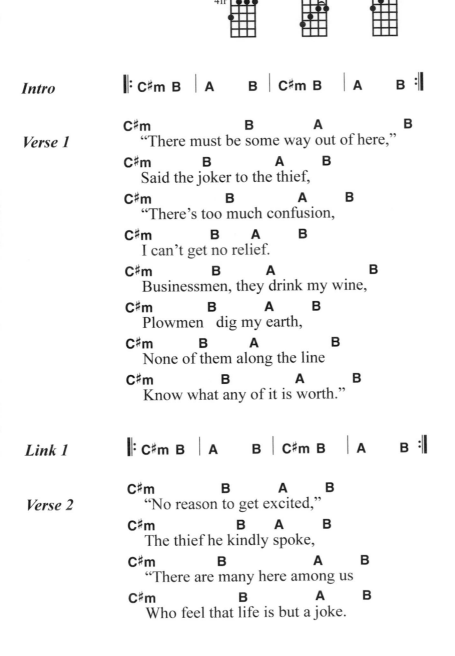

Intro
‖: C#m B | A   B | C#m B | A   B :‖

Verse 1

C#m   B   A   B
"There must be some way out of here,"
C#m   B   A   B
Said the joker to the thief,
C#m   B   A   B
"There's too much confusion,
C#m   B   A   B
I can't get no relief.
C#m   B   A   B
Businessmen, they drink my wine,
C#m   B   A   B
Plowmen   dig my earth,
C#m   B   A   B
None of them along the line
C#m   B   A   B
Know what any of it is worth."

Link 1
‖: C#m B | A   B | C#m B | A   B :‖

Verse 2

C#m   B   A   B
"No reason to get excited,"
C#m   B   A   B
The thief he kindly spoke,
C#m   B   A   B
"There are many here among us
C#m   B   A   B
Who feel that life is but a joke.

cont.

```
        C#m           B         A                   B
        But you and I, we've been through that
        C#m           B       A     B
        And this is not our fate,
        C#m           B       A             B
        So let us not talk falsely now,
        C#m           B       A     B
        The hour is getting late."
```

Link 2
```
‖: C#m B │ A      B │ C#m B │ A      B :‖
```

Verse 3
```
        C#m       B     A             B
        All along the watchtower
        C#m       B       A     B
        Princes kept the view
        C#m             B       A               B
        While all the women came and went,
        C#m         B       A     B
        Barefoot servants, too.
        C#m       B     A         B
        Outside in the distance
        C#m       B     A       B
        A wildcat did growl,
        C#m             B           A       B
        Two riders   were approaching,
        C#m           B       A       B
        The wind began to howl.
```

Coda
```
│ C#m B │ A      B │ C#m B │ A      B │

│ C#m B │ A      B │ C#m          ‖
```

Blowin' In The Wind

Words & Music by Bob Dylan

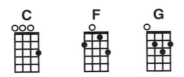

Intro | C ‖

Verse 1

C   F   G   C
How many roads must a man walk down
          F   C
Before you call him a man?
              F   G   C
Yes, 'n' how many seas must a white dove sail
          F   G
Before she sleeps in the sand?
        C   F   G   C
Yes, 'n' how many times must the cannonballs fly
         F   C
Before they're forever banned?

Chorus 1

     F   G   C   F
The answer, my friend, is blowin' in the wind,
        G   C
The answer is blowin' in the wind.

Link 1 | F G | C F | F G | C ‖

Verse 2

     C   F   G   C
How many years can a mountain exist

                F   C
Before it is washed to the sea?

                      F   G   C
Yes, 'n' how many years can some people exist

                F   G
Before they're allowed to be free?

           C   F   G   C
Yes, 'n' how many times can a man turn his head,

                F   C
Pretending he just doesn't see?

Chorus 2   As Chorus 1

Link 2 | F G | C F | F G | C ||

Verse 3

                F   G   C
How many times must a man look up

              F   C
Before he can see the sky?

                F   G   C
Yes, 'n' how many ears must one man have

              F   G
Before he can hear people cry?

          C   F   G   C
Yes, 'n' how many deaths will it take till he knows

                F   C
That too many people have died?

Chorus 3   As Chorus 1

Coda | F G | C F | F G | C ||

Common People

Words by Jarvis Cocker
Music by Jarvis Cocker, Nick Banks, Russell Senior, Candida Doyle & Stephen Mackey

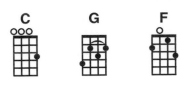

Intro | C | C | C | C ||

Verse 1

C
  She came from Greece, she had a thirst for knowledge,

She studied sculpture at St. Martin's college,

         G
That's where I caught her eye.

C
  She told me that her dad was loaded,

I said "In that case I'll have rum and Coca Cola,"

       G
She said "Fine."

And then in thirty seconds time she said

F
  "I want to live like common people,

                           C
I want to do whatever common people do,

Want to sleep with common people,

                             G
I want to sleep with common people like you."

Well, what else could I do?

                         C
I said, "I'll - I'll see what I can do."

Verse 2

   (C)
I took her to a supermarket,

                                                       G
I don't know why but I had to start it somewhere, so it started there.
C
  I said "Pretend you've got no money,"

                                                G
She just laughed and said "Oh, you're so funny," I said "Yeah?

Well I can't see anyone else smiling in here,
            F
Are you sure you want to live like common people,

                              C
You want to see whatever common people see,

You want to sleep with common people,
                           G
You want to sleep with common people like me?"

                                      C
But she didn't understand, she just smiled and held my hand.

Verse 3

Rent a flat above a shop, cut your hair and get a job,
           G
Smoke some fags and play some pool, pretend you never went to school,
           C
But still you'll never get it right 'cause when you're laid in bed at night
         G
Watching 'roaches climb the wall,

If you called your dad he could stop it all, yeah.
F
  You'll never live like common people,

                               C
You'll never do whatever common people do.

You'll never fail like common people,
                          G
You'll never watch your life slide out of view,

And then dance and drink and screw
                       C
Because there's nothing else to do.

Instrumental   ‖: C | C | C | C |

                   | G | G | G | G   :‖

Verse 4

    F
    Sing along with the common people,

                                       C
Sing along and it might just get you through.

Laugh along with the common people,

                                          G
Laugh along even though they're laughing at you,

And the stupid things that you do,

                            C
Because you think that poor is cool.

Verse 5

Like a dog lying in the corner,

They will bite you and never warn you,

      G
Look out, they'll tear your insides out,

C
  'Cause everybody hates a tourist,

                              G
Especially one who thinks it's all such a laugh,

And the chip stains and grease will come out in the bath.

       F
You will never understand how it feels to live your life

       C
With no meaning or control and with nowhere left to go.

       G
You are amazed that they exist,

                                C
And they burn so bright whilst you can only wonder why.

Verse 6   As Verse 3

Outro | C | C | C | C   ‖

      (C)
‖: Want to live with common people like you. :‖ *Play 7 times*

‖: Oh, la, la, la, la. :‖ *Play 4 times*

Oh yeah.

Lumberjack Song

Words & Music by Fred Tomlinson, Michael Palin & Terry Jones

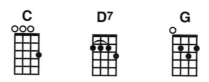

Intro

N.C.

Well, the weather for the whole area will continue much the same

as the past few days. Temperatures seventeen centigrade, that's

forty-nine fahrenheit. Winds will freshen later tonight to south-west,

force six or seven. And there will be showers, sometimes heavy in

many... Oh sod it!

I didn't want to do this. I don't want to be a weather forecaster.

I don't want to rabbit on all day about sunny periods and patches of

rain spreading from the west.

I wanted to be... a lumberjack!

G   D7   G
     Leaping from tree to tree

           D7   G   D7
As they float down the mighty rivers of British Columbia.

       G   D7
The Giant Redwood!

       G   D7
The Larch! The Fir!

G   D7   G   D7
The mighty Scots Pine!

       G   D7
The lofty flowering Cherry!

       G   D7
The plucky little Aspen!

G   D7   G   D7
    The limping Rude tree of Ni - geria!

    G   **D7**
The towering Wattle of Aldershot!

G   **D7**   **G**   **D7**
    The Maidenhead creeping water plant!

    G   **D7**
The naughty Leicestershire flashing Oak!

D7   **G**
    The flatulent Elm of West Ruislip!

    D7   **G**   **D7**
The quercus maximus Bamber Gascoigneii!

      G   **D7**   **G**   **D7**
The a - vunculus la - barta Hughious Greenus.

      G   **D7**
With my best buddy by my side,

    G   **D7**
We'd sing, sing, sing!

Chorus 1
  G   **C**
I'm a lumberjack and I'm okay,

  D7   **G**
I sleep all night and I work all day.

            C
He's a lumberjack and he's okay,

  D7   **G**
He sleeps all night and he works all day.

Verse 1
  G   **C**
I cut down trees, I eat my lunch,

  D7   **G**
I go to the lavato - ry.

          C
On Wednesdays I go shopping

    D7   **G**
And have buttered scones for tea.

         C
He cuts down trees, he eats his lunch,

  D7   **G**
He goes to the lavato - ry.

           C
On Wednesdays he goes shopping

    D7   **G**
And has buttered scones for tea.

Chorus 2
  G   **C**
I'm a lumberjack and I'm okay,

  D7   **G**
I sleep all night and I work all day.

Verse 2

```
         G                    C
I cut down trees, I skip and jump,
         D7                G
I like to press wild flowers.

                      C
I put on women's clothing
         D7              G
And hang around in bars.

                       C
He cuts down trees, he skips and jumps,
         D7                  G
He likes to press wild flowers.

                       C
He puts on women's clothing
         D7                 G
And hangs around in bars(?)
```

Chorus 3

```
         G                     C
I'm a lumberjack and I'm okay,
         D7                  G
I sleep all night and I work all day.
```

Verse 3

```
         G                    C
I cut down trees, I wear high heels,
           D7              G
Sus - pendies and a bra.

                       C
I wish I'd been a girlie
         D7            G
Just like my dear papa.

                         C
He cuts down trees, he wears high heels
           D7               G
Sus - penders? And a bra?…    (ad lib. shock and disgust)
```

Chorus 4

```
         G                      C
He's a lumberjack and he's okay,
         D7                    G
He sleeps all night and he works all day.

                          C
He's a lumberjack and he's o - kay,
         D7                    G
He sleeps all night and he works all day.
```

Desire

Words by Bono
Music by U2

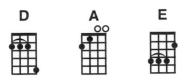

To match original recording, tune ukulele down a semitone

Intro
‖: D A | E A E | D A | E A E :‖

Verse 1

```
D    A E A   E     D    A E
Lover,        I'm on the street,
A     E          D   A E  A  E    D    A E
Gonna go where the bright lights   and the big city meet.
A     E    D    A
With a red gui - tar on fire,
      D   A E  A E  D   A E
De - sire._____
```

Verse 2

```
A E    D    A E A     E   D    A E
  She's a can - dle    burning in my room,
       A   E  D   A E A  E    D    A E
Yeah, I'm like the nee - dle,   nee - dle and spoon.
A E    D     A E     D    A    E
Ov - er the count - er with a shot - gun,
A E    D    A E A     E    D   A E
  Pretty soon      every - body's got one.
A E    D                    A
  And the fever, when I'm be - side her,
      D   A E  A E  D   A E
De - sire._____
A E    D    A E  A E  D   A E
  De - sire._____
```

Bridge

| E | E | E | E | |

```
(E)    D        A
And the fever, getting higher,
```

cont.

```
      D    A E   A E   D   A E
De - sire._____
```
```
A E    D    A E   A E   D   A E A E
    De - sire._____
```
```
D     A
Burn - ing.
```
```
D     E
Burn - ing.
```

Link 1   ‖: D   A   │ E   A E │ D   A   │ E   A E :‖

Verse 3

```
(A)  (E)  D    A   E A   E      D      A E
She's the dol - lars,   she's my pro - tection,
```
```
A    E    D    A   E A   E       D    A   E
Yeah, she's a pro - mise   in the year of e - lec - tion.
```
```
A E D   A  E A E      D  A E      A E
  Oh sis - ter,     I can't let__ you go,
```
```
          D      A    E   A E      D     A E
Like a preacher stealing hearts at a travelling show,
```
```
A   E   D    A    E    A    E
For love or money, money, money, money, money,
```
```
D      A    E    A     E
Money, money, money, money, money.
```
```
           D        A
Yeah, the fever, getting higher,
```
```
      D   A E   A E   D   A E
De - sire._____
```
```
A E    D    A E   A E   D   A E A E
    De - sire._____
```
```
A E    D    A E   A E   D   A E A E
    De - sire._____
```
```
A E    D    A E   A E   D   A E A E
    De - sire._____
```

Link 2   ‖: D   A   │ E   A E │ D   A   │ E   A E :‖

Outro
```
      D   A E   A E   D   A E
De - sire._____
```
```
A E    D    A E   A E   D   A E A E
    De - sire._____
```

│ D   A   │ E   A E │ D   A   │ E   A E │

│ D   A   │ E   A E │ D   A   │ E   ‖

The First Cut Is The Deepest

Words & Music by Cat Stevens

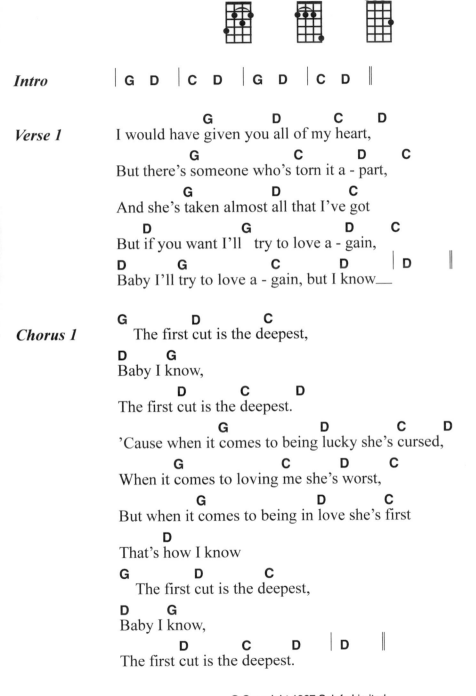

Intro | G D | C D | G D | C D ‖

Verse 1
```
              G           D      C    D
I would have given you all of my heart,
              G          C        D      C
But there's someone who's torn it a - part,
              G         D         C
And she's taken almost all that I've got
        D           G           D     C
But if you want I'll   try to love a - gain,
D     G              C         D     | D      ‖
Baby I'll try to love a - gain, but I know___
```

Chorus 1
```
G          D       C
   The first cut is the deepest,
D    G
Baby I know,
          D       C       D
The first cut is the deepest.
              G            D         C   D
'Cause when it comes to being lucky she's cursed,
              G          C        D     C
When it comes to loving me she's worst,
              G            D        C
But when it comes to being in love she's first
        D
That's how I know
G          D       C
   The first cut is the deepest,
D    G
Baby I know,
          D       C     D    | D     ‖
The first cut is the deepest.
```

© Copyright 1967 Salafa Limited.
BMG Rights Management (UK) Limited.
All Rights Reserved. International Copyright Secured.

Verse 2

                  G   D   C   D
I still want you by my side,

                     G   C   D   C
Just to help me dry the tears that I've cried

                        G   D   C
'Cause I'm sure gonna give you a try

          D   G   D   C
And if you want I'll try to love a - gain,

D   G   C   D | D   ‖
Baby I'll try to love again, but I know.___

Chorus 2   As Chorus 1

Link | G D | C   D   ‖
                          Ba - by I know.

Chorus 3   As Chorus 1   *To fade*

Folsom Prison Blues

Words & Music by John R. Cash

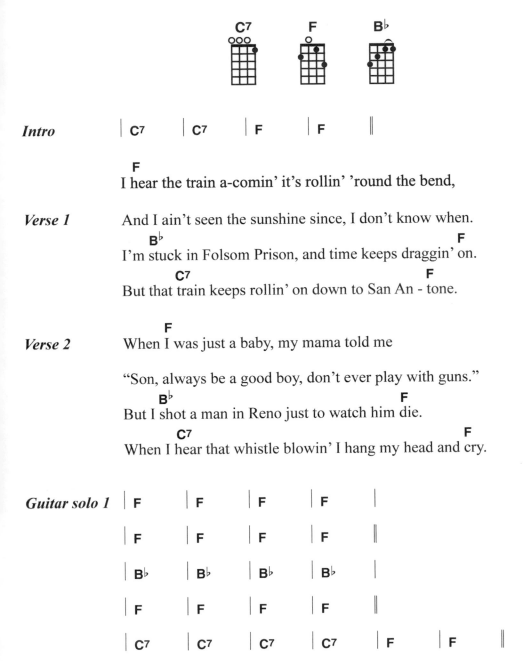

Intro | C⁷ | C⁷ | F | F   ‖

Verse 1

F
I hear the train a-comin' it's rollin' 'round the bend,

And I ain't seen the sunshine since, I don't know when.
    B♭   F
I'm stuck in Folsom Prison, and time keeps draggin' on.
    C⁷   F
But that train keeps rollin' on down to San An - tone.

Verse 2

    F
When I was just a baby, my mama told me

"Son, always be a good boy, don't ever play with guns."
    B♭   F
But I shot a man in Reno just to watch him die.
    C⁷   F
When I hear that whistle blowin' I hang my head and cry.

Guitar solo 1 | F | F | F | F |

| F | F | F | F   ‖

| B♭ | B♭ | B♭ | B♭ |

| F | F | F | F   ‖

| C⁷ | C⁷ | C⁷ | C⁷ | F | F   ‖

Verse 3
     F
I bet there's rich folks eatin' in a fancy dining car.

They're probably drinkin' coffee and smokin' big cigars.
    B♭   **F**
Well I know I had it comin', I know I can't be free,
       C7   **F**
But those people keep a-movin' and that's what tortures me.

Guitar solo 2 | **F** | **F** | **F** | **F** |

                       | **F** | **F** | **F** | **F**   ‖

                       | **B♭** | **B♭** | **B♭** | **B♭** |

                       | **F** | **F** | **F** | **F**   ‖

                       | **C7** | **C7** | **C7** | **C7** | **F** |

Verse 4
     F
Well if they freed me from this prison, if that railroad train was mine,

I bet I'd move it on a little farther down the line,
B♭   **F**
Far from Folsom Prison, that's where I want to stay,
       C7   **F**
And I'd let that lonesome whistle blow my blues a - way.

Outro | **C7** | **C7** | **F** | **F**   ‖

Gloria

Words & Music by Van Morrison

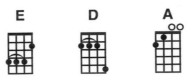

Intro | E   D A | E   D A | E   D A ‖

Verse 1

E   D   A   E   D A
Wanna tell you about my baby,

E   D   A   E   D A
You know she comes around,

E   D A E   D A
She's about five feet four,

E   D   A E   D A
From her head to the ground.

E   D   A E   D A
You know she comes around here,

E   D A E   D A
A-just about midnight,

E   D A E   D A
She make me feel so good, Lord,

E   D   A E D A
She make me feel all right.

E   D   A E D A E   D A
And her name is G._____ L._____

E D A E D A E D A
O._____ R._____ I._____

Chorus 1

E   D A E D A E
G. L. O. R. I. A, Glo - ri - a,

E   D A E D A E
G. L. O. R. I. A, Glo - ri - a,

      D   A   E D A E
I'm gonna shout it out now, Glo - ri - a,

      D   A   E D A E
I'm gonna shout it everyday, Glo - ri - a,

        D   A
Yeah, yeah, yeah, yeah, yeah.

Link 1 | E D A | E D A ||

Guitar solo |: E   D A D | E   D A D :| *Play 3 times*

Link 2 |: E D A | E D A :| E D A ||

Verse 2

E D   A   E   D A
    She comes around here

E   D A   E   D A
    Just about midnight,

E   D A E   D A
    She make me feel   so good,

E   D   A E   D A
    I wanna say she makes me feel all right.

E   D   A   E   D A
    'Cause she's walking down my street

E   D   A E   D A
    Why don't'cha come to my house,

E   D A   E   D A
    She knock upon my door,

E   D   A E   D A
    And then she come to my room,

E   D A   E   D A
    Then she make me feel all right.

Chorus 2

E   D A E D A E
    G. L. O. R. I. A, Glo - ri - a,

E   D A E D A E
    G. L. O. R. I. A, Glo - ri - a,

              D   A   E D A E
I'm gonna shout it out now, Glo - ri - a,

              D   A   E D A E
I'm gonna shout it everyday, Glo - ri - a,

Yeah, yeah, yeah, yeah, yeah.

Coda

D   A E   D A   E
    She's so good,   well all right,

D   A E   D A   E   D A
    She's so good,   well all right.

| E D A | E D A | E D A D |

| E D A D | E D A D | E ||

25

Jesus Doesn't Want Me For A Sunbeam

Words & Music by Eugene Kelly & Frances McKee

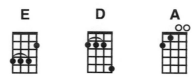

To match original recording, tune ukulele down one semitone

Intro ‖: E | D | A D | A :‖

Chorus 1
E   D   A   D A
Jesus don't want me for a sunbeam,
E   D   A   D A
Sunbeams are never made like me.

Verse 1
E   D
Don't expect me to cry,
     A   D   A
For all the reasons you have to die,
E   D   A D A
Don't ever ask your love of me.

Bridge 1
E   D
Don't expect me to cry,
E   D
Don't expect me to lie,
E   D   A D A
Don't expect me to die for me.

Chorus 2 As Chorus 1

Verse 2 As Verse 1

Bridge 2 As Bridge 1

| *Instrumental* | 𝄆 E | D | A | D | A | 𝄇 |

Bridge 3   As Bridge 1

Chorus 3   As Chorus 1

Verse 3   As Verse 1

Bridge 4

```
E                   D
Don't expect me to cry,
E                   D
Don't expect me to lie,
E                   D
Don't expect me to die,
E                   D
Don't expect me to cry,
E                   D
Don't expect me to lie,
E                   D      A   D A
Don't expect me to die for me.
```

| *Outro* | 𝄆 E | D | A | D | A | 𝄇 |

Jolene

Words & Music by Dolly Parton

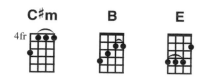

Intro

| C#m | C#m | C#m | C#m ||

Chorus 1

C#m E B C#m
Jolene, Jolene, Jolene, Jolene
B C#m
I'm begging of you please don't take my man.
E B C#m
Jolene, Jolene, Jolene, Jolene
B C#m
Please don't take him just because you can.

Verse 1

C#m E
Your beauty is beyond compare,
B C#m
With flaming locks of auburn hair,
B C#m
With ivory skin and eyes of emerald green.
E
Your smile is like a breath of spring,
B C#m
Your voice is soft like summer rain,
B C#m
And I cannot compete with you, Jolene.

Verse 2

C#m E
He talks about you in his sleep
B C#m
And there's nothing I can do to keep
B C#m
From crying when he calls your name, Jolene.

cont.

                E
And I can easily understand
       B   **C♯m**
How you could easily take my man
       B   **C♯m**
But you don't know what he means to me, Jolene.

Chorus 2

         C♯m   **E**   **B**   **C♯m**
Jolene, Jolene, Jolene, Jolene
       B   **C♯m**
I'm begging of you please don't take my man.
           E   **B**   **C♯m**
Jolene, Jolene, Jolene, Jolene
B   **C♯m**
Please don't take him just because you can.

Verse 3

C♯m   **E**
You could have your choice of men,
       B   **C♯m**
But I could never love again,
B   **C♯m**
He's the only one for me, Jolene.
             E
I had to have this talk with you,
       B   **C♯m**
My happiness depends on you
          B   **C♯m**
And whatever you decide to do, Jolene.

Chorus 3

         C♯m   **E**   **B**   **C♯m**
Jolene, Jolene, Jolene, Jolene
       B   **C♯m**
I'm begging of you please don't take my man.
           E   **B**   **C♯m**
Jolene, Jolene, Jolene, Jolene
B   **C♯m**
Please don't take him even though you can.

Jolene, Jolene.

Outro   ‖: C♯m | C♯m | C♯m | C♯m :‖ *Repeat to fade*

Midnight Special

Traditional
Arranged by Brownie McGhee & Sonny Terry

A7   E   B7

To match original recording, tune ukulele up a semitone

Intro
| A7 | A7 | E | E |

| A7 | B7 | E | E |

Chorus 1

E   A7   E
Let the Midnight Special shine her light on me.
                        A7   B7   E
Let the Midnight Special shine her ever loving light on me.

Verse 1

(E)   A7   E
Yonder come Miss Rosie, how in the world do you know?
                              B7   E
Well, I know her by her apron and the dress she wore.
                    A7   E
Umbrella on her shoulder, piece of paper in her hand,
                          A7   B7   E
Well, she going to see the Governor, have to release her man.

Chorus 2   As Chorus 1

Link 1
| A7 | A7 | E | E |

| A7 | B7 | E | E |

Verse 2

    (E)   **A⁷**   **E**

When you get up in the morning, when the big bell rings,

                              B⁷   **E**

You go marching to the table, find the same old thing.

               A⁷   **E**

No forks on the table, ain't nothing in your pan,

                       A⁷   **B⁷**   **E**

If you say anything a - bout it, you'll have trouble with the man.

Chorus 3   As Chorus 1

Link 2   As Link 1

Verse 3

    (E)   **A⁷**   **E**

If you ever go to Houston, oh, you better walk right,

                       B⁷   **E**

Well, you better not squabble and you better not fight.

              A⁷   **E**

That cop will ar - rest you, he'll sure take you down,

                      A⁷   **B⁷**   **E**

You can bet your bottom dollar you'll be jail-house bound.

Chorus 4   As Chorus 1

Link 3   As Link 1

Verse 4

    (E)   **A⁷**   **E**

When you get up in the morning, and the ding-dong rings.

                              B⁷   **E**

You go marching to the table, find the same old thing.

              A⁷   **E**

Flapjacks and mo - lasses and that side of belly fat,

                       A⁷   **B⁷**   **E**

If you say anything a - bout it, then you won't get that.

Chorus 5   As Chorus 1

Link 4   As Link 1

Chorus 6   As Chorus 1

Verse 5

(E)   **A⁷**   **E**
I was standing at the station when my baby got on board,
                B⁷   **E**
I was standing there begging, darling please don't go.
              A⁷   **E**
When the train was leaving, had Miss Rosie in - side,
         A⁷   **B⁷**   **E**
Well, I couldn't do nothing but hang my head and cry.

Chorus 7   As Chorus 1

Link 5   As Link 1

Chorus 8   As Chorus 1

Summertime Blues

Words & Music by Eddie Cochran & Jerry Capehart

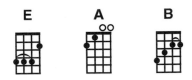

E   A   B

Intro | E | E   ‖: E   A | B   E :‖

                E

Verse 1   Well I'm gonna raise a fuss

                              E A B E

And I'm gonna raise a holler

     E

About workin' all summer

                        E A B E

Just to try to earn a dollar.

      A

Well I try to call my baby,

              E (N.C)

Try to get a date, my boss says

"No, dice, son

You gotta work late."

A

Sometimes I wonder

What I'm-a gonnna do,

        E (N.C)

But there ain't no cure

                 | E | E   ‖: E   A | B   E :‖

For the summertime blues.

Verse 2

        E
Well, my mom and papa told me

                      E A B E
"Son, you gotta make some money

        E
If you wanna use the car to go

                E A B E
Ridin' next Sunday."

        A
Well, I didn't go to work,

I told my boss I was sick,

         E (N.C)
"But you can't use the car

'Cause you didn't work a lick."

A
Sometimes I wonder

      A
What I'm-a gonnna do,

        E (N.C)
But there ain't no cure

                   | **E** | **E**   ‖: **E** **A** | **B** **E** :‖
For the summertime blues.

Verse 3

      E
I'm gonna take two weeks,

             E A B E
Gonna have a fine vacation,

      E
I'm gonna take my problem

     E   **E A B E**
To the United Nations.

    A
Well, I called my congressman,

    A
And he said, quote,

   E (N.C)
"I'd like to help you, son

But you're too young to vote."

A
Sometimes I wonder

    A
What I'm-a gonnna do,

     E (N.C)
But there ain't no cure

            | **E** | **E**   ‖
For the summertime blues.

Outro   ‖: **E A** | **B E** :‖ *Play 5 times*

On Top Of Old Smoky

Traditional
Arranged by The Weavers

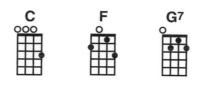

Intro | C | C   ‖

Verse 1

(C)   F   C
On top of old Smoky all covered with snow

               G7   C
I lost my true lover for courting so slow.

                  F   C
For courting's a pleasure, but parting is grief,

                   G7   C
And a false-hearted lover is worse than a thief.

                  F   C
A thief will just rob you and take what you have,

                 G7   C
But a false hearted lover will lead you to the grave.

                   F   C
And the grave will de - cay you and turn you to dust,

                 G7   C
Not one boy in a hundred, a poor girl can trust.

                  F   C
They'll hug you and kiss you and tell you more lies

                 G7   C
Than cross ties on the railroad or stars in the sky.

Instrumental ‖: F | F | F | F |

                  | C | C | C | C |

                  | G7 | G7 | G7 | G7 |

                  | C | C | C | C   :‖

Verse 2

(C)   F   C
Come all you young maidens and listen to me,

                            G7   C
Never place your af - fections on a green willow tree.

                          F   C
For the leaves they will wither, the roots they will die,

                   G7   C
You'll all be for - saken and never know why.

Sit Down

Words & Music by Tim Booth, Jim Glennie, Larry Gott & Gavan Whelan

G   C   D

Intro ‖: G | G | C | D :‖

Verse 1

       G   C   D
I'll sing myself to sleep, a song from the darkest hour.
G   C   D
Secrets I can't keep inside all the day.
G   C   D
Swing from high to deep, extremes of sweet and sour.
G   C D
Hope that God exists, I hope, I pray.

Bridge

G
Drawn by the undertow,
      C   D
My life is out of control.
G   C
I believe this wave will bear my weight,
         D
So let it flow.

Chorus 1

           G
Oh sit down, oh sit down, oh sit down,
C   D
Sit down next to me.
        G
Sit down, down, down, down,
      C   D
Down in sympathy.

Instrumental ‖: G | G | C | D :‖

Verse 2

       G   **C**   **D**
Now I'm relieved to hear that you've been to some far out places.
      G   **C**   **D**
It's hard to carry on when you feel all alone.
G   **C**   **D**
Now I've swung back down again it's worse than it was before.
   G   **C**   **D**
If I hadn't seen such riches I could live with being poor.

Chorus 2   As Chorus 1

Link | **G** | **G** | **G** | **G**   ‖

Middle

G   **(C)**   **(D)**
Those who feel the breath of sadness, sit down next to me.
G   **(C)**   **(D)**
Those who find they're touched by madness, sit down next to me.
G   **(C)**   **(D)**
Those who find themselves ridiculous, sit down next to me.

   G
In love, in fear, in hate, in tears,
   C   **D**
In love, in fear, in hate, in tears,
   G
In love, in fear, in hate, in tears,
   C   **D**
In love, in fear, in hate.
G | **G** | **C** | **D** |
Down.
G | **G** | **C** | **D**   ‖
Down.

Chorus 3   As Chorus 1

Chorus 4

     G
Oh sit down, oh sit down, oh sit down,
C   **D**
Sit down next to me.
    G
Sit down, down, down, down,
   C   **D**
Down in sympathy.
G
Down.

These Boots Are Made For Walking

Words & Music by Lee Hazlewood

E   A   G

Intro
| E | E | E | E | E | E | E | E ‖

Verse 1

E
You keep saying you've got something for me.

Something you call love, but confess.
A
You've been messin' where you shouldn't have been a messin'
                E
And now someone else is gettin' all your best.

Chorus 1

       G   E   G   E
These boots are made for walking, and that's just what they'll do.
G   E   N.C.
One of these days these boots are gonna walk all over (you).

Link 1
| E | E | E | E | E | E | E | E |
  you.   Yeah!

Verse 2

E
You keep lying, when you oughta be truthin'

And you keep losin' when you oughta not bet.
A
You keep samin' when you oughta be a-changin'.
             E
Now what's right is right, but you ain't been right yet.

	G		E	G		E
Chorus 2	These boots are made for walking, and that's just what they'll do.
	G		E	N.C.
	One of these days these boots are gonna walk all over (you).

Link 2 |E |E |E |E |E |E |E |E |

you.

Verse 3

E
You keep playin' where you shouldn't be playin'

And you keep thinkin' that you'll never get burnt, ha!

A
I just found me a brand new box of matches, yeah

E
And what he know you ain't have time to learn.

Chorus 3

        G   E   G   E
These boots are made for walking, and that's just what they'll do.
G   E   N.C.
One of these days these boots are gonna walk all over (you).

Link 3 |E |E |E |E |

you.
E
  Are you ready boots? Start walkin'!

Outro   ‖:E |E |E |E   :‖   *Repeat to fade*

41

Three Little Birds

Words & Music by Bob Marley

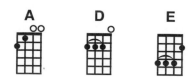

Intro | A | A | A | A ||

Chorus 1
          A
Don't worry about a thing,

          D   **A**
'Cause every little thing gonna be all right.

Singin' don't worry about a thing,

          D   **A**
'Cause every little thing gonna be all right!

Verse 1
          A
Rise up this mornin',

             E
Smiled with the risin' sun,

          A
Three little birds

            D
Pitch by my doorstep

          A
Singin' sweet songs

            E
Of melodies pure and true,

          D   **A**
Sayin', "This is my message to you-ou-ou:"

Chorus 2
　　　　　　　　　　　　A
Singin' don't worry 'bout a thing,
　　　　　　　D　　　　　　　　　　　A
'Cause every little thing gonna be all right.

Singin' don't worry (don't worry) 'bout a thing,
　　　　　　　D　　　　　　　　　　　A
'Cause every little thing gonna be all right!

Verse 2
　　　　　　　　　　　　A
Rise up this mornin',
　　　　　　　　　　E
Smiled with the risin' sun,
　　　　　　　A
Three little birds
　　　　　　　　D
Pitch by my doorstep
　　　　　　A
Singin' sweet songs
　　　　　　　E
Of melodies pure and true,
　　　　　D　　　　　　　　　　　A
Sayin', "This is my message to you-ou-ou:"

Chorus 3
　　　　　　　　　　　　A
‖: Singin' don't worry about a thing, worry about a thing, oh!
D　　　　　　　　　　A
Every little thing gonna be all right, don't worry!

Singin' don't worry about a thing, I won't worry!
　　　　　D　　　　　　　　　　　A
'Cause every little thing gonna be all right. :‖　*Repeat to fade*

Werewolves Of London

Words & Music by Waddy Wachtel, Warren Zevon & Leroy Marinell

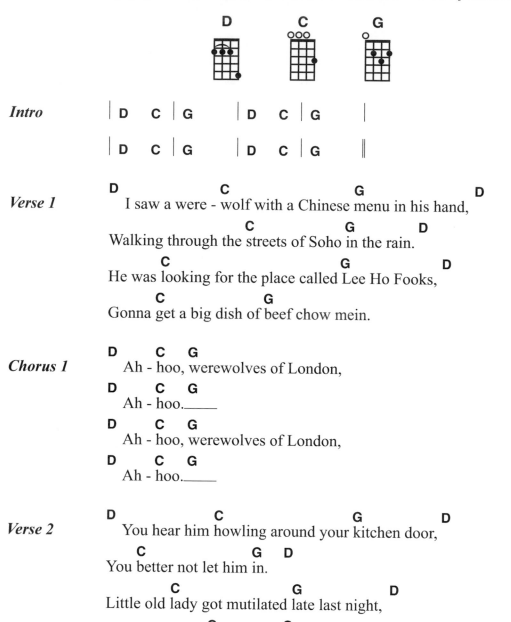

Intro

| D C | G | D C | G |

| D C | G | D C | G   ‖

Verse 1

D   C   G   D
I saw a were - wolf with a Chinese menu in his hand,
        C   G   D
Walking through the streets of Soho in the rain.
    C   G   D
He was looking for the place called Lee Ho Fooks,
    C   G
Gonna get a big dish of beef chow mein.

Chorus 1

D C G
Ah - hoo, werewolves of London,
D C G
Ah - hoo._____
D C G
Ah - hoo, werewolves of London,
D C G
Ah - hoo._____

Verse 2

D   C   G   D
You hear him howling around your kitchen door,
    C   G D
You better not let him in.
      C   G   D
Little old lady got mutilated late last night,
      C   G
Werewolves of London a - gain.

Chorus 2   As Chorus 1

Solo

```
| D   C | G        | D   C | G        |

| D   C | G        | D   C | G        ||
                                    (He's the)
```

Verse 3

    (G)   **D**   **C**   **G**
He's the hairy handed gent who ran amok in Kent,

D   **C**   **G**
Lately he's been overheard in Mayfair.

D   **C**   **G**   **D**
You better stay away from him, he'll rip your lungs out, Jim.

            C   **G**
Huh, I'd like to meet his tailor.

Chorus 3   As Chorus 1

Verse 4

D   **C**   **G**   **D**
   Well, I saw Lon Chaney walkin' with the Queen,

          C   **G**   **D**
Doing the werewolves of London.

      C   **G**   **D**
I saw Lon Chaney Jr walkin' with the Queen,

         C   **G**   **D**
Doing the werewolves of London.

        C   **G**   **D**
I saw a werewolf drinking a Pina Colada at Trader Vic's,

         G
And his hair was perfect.

Outro

D   **C**   **G D C**   **G**
Ah - hoo,_____ werewolves of London.

Draw blood.

D   **C**   **G D C**   **G**   **D C G**
Ah - hoo,_____ werewolves of London.   *To fade*

Yakety Yak

Words & Music by Jerry Leiber & Mike Stoller

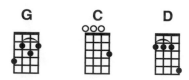

To match original recording tune ukulele slightly sharp

Verse 1

                  G
Take out the papers and the trash

               C
Or you don't get no spendin' cash,

               D
If you don't scrub that kitchen floor

D (N.C.)   **G**
      You ain't gonna rock and roll no more.

    G (N.C.)
Yakety yak. (Don't talk back.)

Verse 2

               G
Just finish cleanin' up your room,

               C
Let's see that dust fly with that broom,

             D
Get all that garbage out of sight,

D (N.C.)   **G**
Or you don't go out Friday night.

    G (N.C.)
Yakety yak. (Don't talk back.)

Verse 3

               G
You just put on your coat and hat,

               C
And walk yourself to the Laundro - mat,

             D
And when you finish doin' that,

D (N.C.)   **G**
Bring in the dog and put out the cat.

    G (N.C.)
Yakety yak. (Don't talk back.)

Saxophone solo

```
| G      | G      | C          | C       |
| D      | D      | G (N.C.) | (N.C.)  |
| G      | G      | C          | C       |
| D      | D      | G (N.C.) ‖
```

Verse 4

                                    G
Don't you give me no dirty looks,

                                      C
Your father's hip, he knows what cooks,

                                    D
Just tell your hoodlum friend out - side,

D (N.C.)   **G**
You ain't got time to take a ride.

          G (N.C.)
Yakety yak. (Don't talk back.)

Outro

                        G
Yakety yak, yakety yak.

Yakety yak, yakety yak.

Yakety yak, yakety yak.

Yakety yak, yakety yak.   *To fade*

Tuning your ukulele

The ukulele is unusual among string instruments in that the strings are not tuned in order of pitch. Watch out for this!
Here are the tuning notes for a ukulele on a piano keyboard:

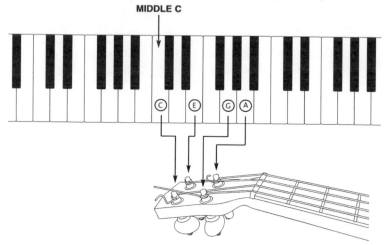

MIDDLE C

A good way to remember the notes of the ukulele's strings is this little tune:

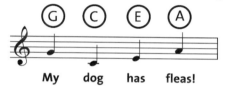

My   dog   has   fleas!

Reading chord boxes

Chord boxes are diagrams of the ukulele neck viewed head upwards, face on as illustrated. The top horizontal line is the nut, unless a higher fret number is indicated, the others are the frets.

The vertical lines are the strings, starting from G (or 4th) on the left to A (or 1st) on the right.

The black dots indicate where to place your fingers.

Am

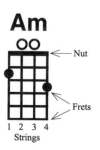

Strings marked with an O are played open, not fretted. Strings marked with an X should not be played.

G

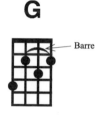

The curved bracket indicates a 'barre' – hold down the strings under the bracket with your first finger, using your fingers to fret the remaining notes.

N.C. = No chord.